Mein Anzieh-Stickerbuch
Im alten Rom

Illustrationen: Jean-Sébastien Deheeger
Grafische Gestaltung: Emily Bornoff
Text: Louie Stowell

WER WAREN DIE RÖMER?

Vor ungefähr 2000 Jahren war Rom die Hauptstadt eines gewaltigen Reichs, das sich von den Britischen Inseln bis zu den Wüsten des Orients erstreckte. Herrscher über dieses „Imperium Romanum" war der mächtige römische Kaiser.

INHALT

Willkommen in Rom!	2	Kampf der Gladiatoren	14
Auf dem Forum	4	Im Senat	16
Im Theater	6	Im Militärlager	18
Auf dem Sklavenmarkt	8	Der Triumphzug	20
In der Schule	10	Das Festmahl	22
Das Wagenrennen	12	Der syrische Fürst	24

Die Sticker findest du in der Buchmitte.
Fachliche Beratung: Dr. Anne Millard

WILLKOMMEN IN ROM!

Hier im Hafen trifft man Menschen aus dem gesamten Römischen Reich. Das wichtigste Kleidungsstück der Römer ist die Tunika, ein langes Hemd aus Leinen oder Wolle. Oft wird darüber noch ein großes Tuch drapiert, die Toga. Diese beiden Römer begutachten die Waren eines Händlers aus dem fernen Tyrus im heutigen Libanon. Der Händler trägt einen Sonnenhut und eine bestickte Tunika.

wohlhabender römischer Bürger

römischer Beamter

Händler aus Tyrus

AUF DEM FORUM

Das Forum Romanum ist der wichtigste Platz in Rom. Der Priester hat seine Toga über den Kopf gezogen: Er wird den römischen Göttern gleich einen Stier opfern. Zwei Besucher tragen die für ihre Heimat typische Kleidung. Sie kommen aus Gallien (der römische Name für Frankreich) und Äthiopien. Dem äthiopischen Prinzen wurde gerade der Geldbeutel gestohlen.

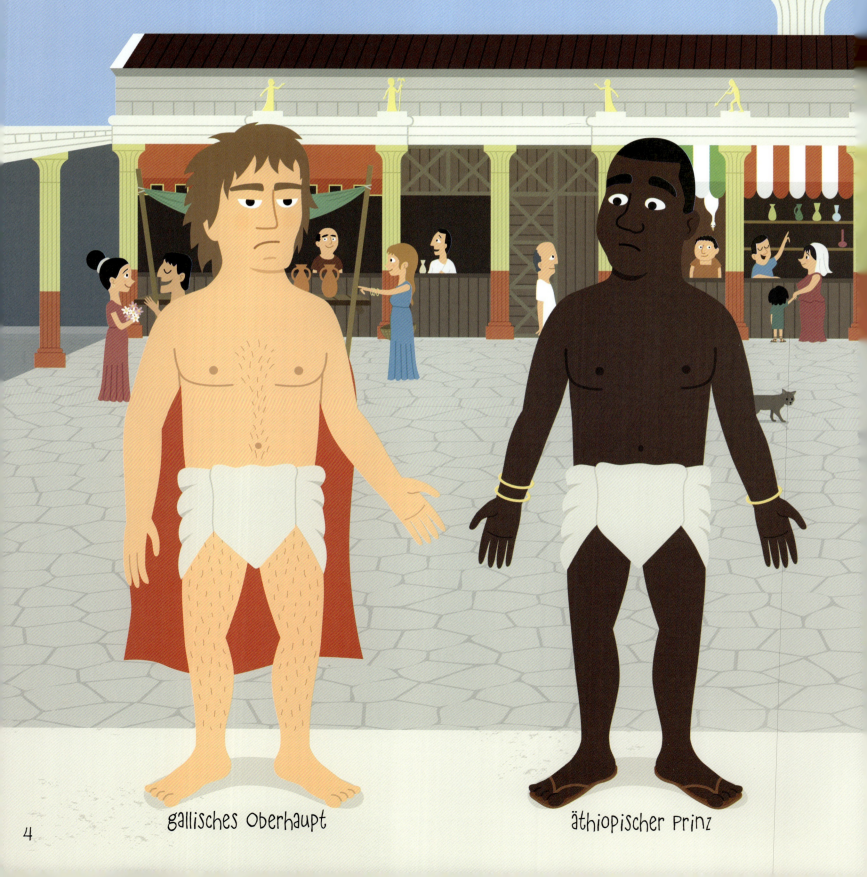

gallisches Oberhaupt   äthiopischer Prinz

clown

AUF DEM SKLAVENMARKT

Hier werden Menschen als Diener oder für gefährliche Arbeiten verkauft. Der Sklavenhändler zeigt mit seinen Goldketten, wie wohlhabend er ist. Die Sklaven haben nur wenig an. So können die Käufer sehen, dass sie gesund und kräftig sind. Die Tätowierungen des Sklaven aus Britannien stammen aus der Zeit vor seiner Gefangenschaft.

Sklavenhändler

IN DER SCHULE

Diese römischen Schuljungen tragen Amulette über ihren einfachen Tuniken. Die Amulette werden „Bulla" genannt und sollen den Träger durch Zauberkraft schützen. Der Lehrer ist Grieche. Sein loses Gewand ähnelt einer römischen Toga. Er war früher ein Sklave, wurde aber freigelassen, nachdem er viele Jahre Hauslehrer bei einer reichen römischen Familie gewesen war.

älterer Schüler

jüngerer Schüler

Lehrer

DAS WAGENRENNEN

Die Wagenlenker sind nervös: Gleich beginnt das Rennen! Jeder gehört einer der vier Mannschaften an: Rot, Weiß, Blau und Grün. Die Fahrer wickeln sich die Zügel um den Bauch. Sie haben ein Messer dabei, mit dem sie sich bei einem Sturz befreien können.

Fahrer der weißen Mannschaft

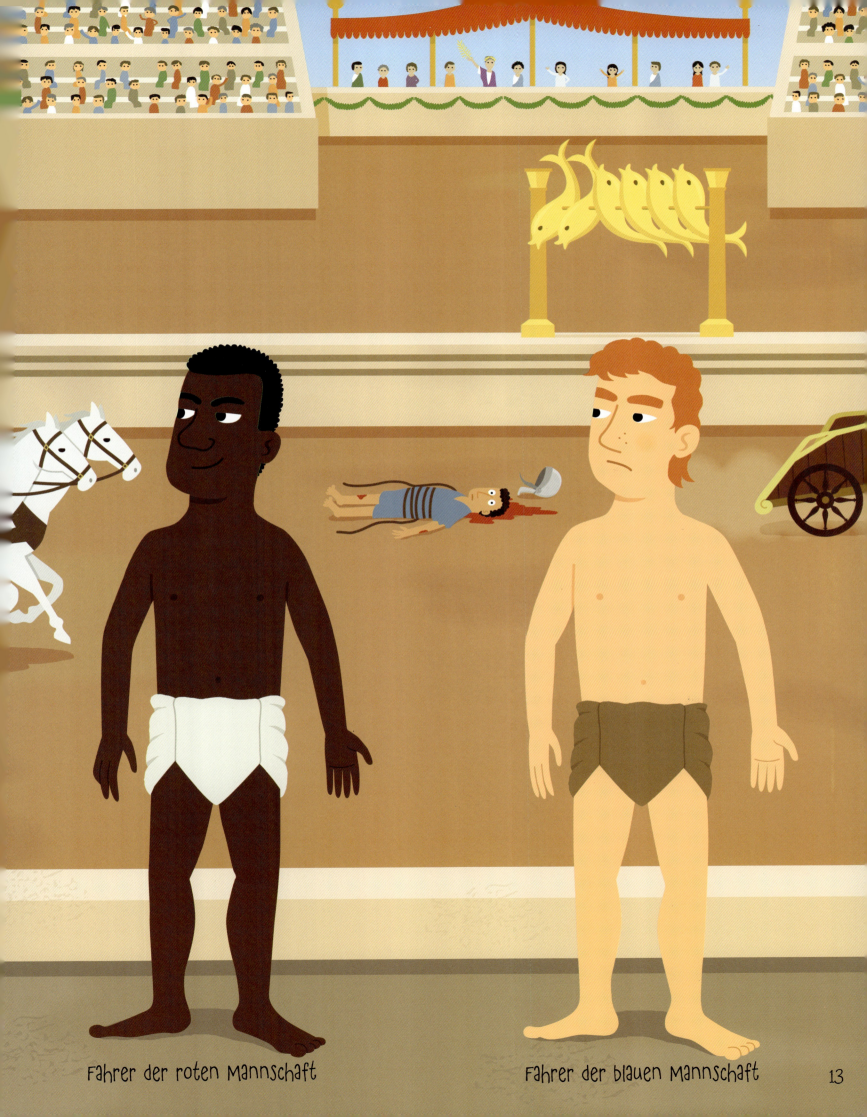

KAMPF DER GLADIATOREN

Gladiatoren sind Sklaven, die vor einem großen Publikum kämpfen. Der Murmillo und der Thraker schützen ihre Arme mit Metallschienen und ihre Gesichter mit Helmen. Alle Gladiatoren tragen Beinschützer und der Retiarius ist mit einem Dreizack und einem Netz ausgerüstet.

Retiarius

IM SENAT

Im Senat, wo sich die römischen Politiker versammeln, hält der Kaiser eine Rede. Er trägt eine purpurfarbene Toga – das darf nur der Kaiser – und einen goldenen Lorbeerkranz. Der Konsul ist der höchste Beamte im Staat. Seine Toga ist mit einem Purpurstreifen verziert. Der Leibwächter des Kaisers ist schwer bewaffnet.

kaiserlicher Leibwächter

IM MILITÄRLAGER

Der Legionär (ein einfacher Soldat) hat einen Helm und einen Brustpanzer aus Metallstreifen an. Neben ihm steht sein Offizier, der Zenturio. Man erkennt ihn am Federbusch auf seinem Helm – und daran, dass er ständig herumbrüllt. Der Legat (der oberste Offizier des Lagers) trägt einen glänzenden Brustpanzer, einen Schurz aus Lederstreifen, einen prächtigen Helm, Lederstiefel und einen Umhang.

Legionär (einfacher Soldat)

DER TRIUMPHZUG

Die römische Armee hat einen großen Sieg errungen und feiert dies mit einem prächtigen Umzug. Das Oberhaupt der unterworfenen Barbaren hat eine gestreifte Tunika an. („Barbaren" nennen die Römer fast alle Menschen, die nicht in ihrem Reich leben.) Der Aquilifer (lateinisch für „Adlerträger") hält die Stange mit dem Adler seiner Legion. Über seinem Helm trägt er ein Löwenfell.

Oberhaupt der Barbaren

DAS FESTMAHL

Im Haus eines wohlhabenden Römers wird ein Fest gefeiert. Der Gastgeber trägt ein selbstverfasstes Gedicht vor. Er ist in eine spezielle Toga gehüllt, die „Synthesis" genannt wird. Der Musikant hat, wie die anderen Unterhaltungskünstler, eine orangefarbene Tunika an. Seine Flöte wird „Aulos" genannt. Alle Sklaven des Gastgebers tragen blaue Tuniken.

Musikant

Gastgeber

DER SYRISCHE FÜRST

Im Osten des Römischen Reichs liegt die Provinz Syria (das heutige Syrien). Ein syrischer Fürst bespricht sich mit Soldaten, die ihm beim Bekämpfen von Banditen helfen. Er trägt ein prächtiges Gewand und sehr viel Schmuck.

syrischer Fürst

Übersetzung: Heike Osborne
Redaktion der deutschen Ausgabe: Andreas Hoffmann (Punktum Verlags-Service) und Tina Thieme (Usborne)
1. Auflage 2013
© 2013 für die deutsche Ausgabe: Usborne Publishing Ltd., 83-85 Saffron Hill, London EC1N 8RT, Großbritannien. Titel der Originalausgabe: Sticker Dressing Romans © 2010 by Usborne Publishing Ltd., London. Der Name Usborne und die Symbole sind eingetragene Markenzeichen von Usborne Publishing Ltd. Alle Rechte vorbehalten. Ohne ausdrückliche vorherige Genehmigung des Verlages ist es nicht gestattet, die vorliegende Veröffentlichung in irgendeiner Form mit beliebigen Mitteln (unter anderem elektronisch, mechanisch, durch Fotokopie oder Aufzeichnung) ganz oder teilweise zu reproduzieren, in einem Datenabfragesystem zu speichern oder zu verbreiten.